CHASSÉS DE L'OLYMPE POUR DÉSOBÉISSANCE, AURORE ET ULYSSE ERRENT DANS LE MONDE DES MORTELS À LA RECHERCHE D'UNE PORTE QUI LEUR PERMETTRAIT DE REJOINDRE LE PARADIS... HÉLAS! POUR EUX, LES PORTES SONT NOMBREUSES.

l'odyssée

desnario: seron et homère

JOURDAN

© **Editions JOURDAN** Bruxelles & **SERON**

Dépôt légal Septembre 1991. ISBN: 2-84021-004-5

REGARDE, VOILÀ LE COMTE !

LA VIE A BIEN CHANGÉ SUR LES TERRES DU COMTE DE SELENVRAC. DEPUIS QU'IL A REPRIS LE CHÂTEAU À SON "SOSIE". ET AVEC L'AIDE D'AURORE, D'ULYSSE ET DES CENTAURES... VENUS SPÉCIALEMENT DE LEUR OLYMPE POUR LEUR PRÊTER MAIN FORTE. TOUTE LA SAISON, LE SOLEIL A LUI SUR LE PAYS ET LE TEMPS DES RÉCOLTES EST ARRIVÉ...

SALUT, MATHIAS ! BIENTÔT TERMINÉS CES FOINS ?!

PRESQUE, MESSIRE ! SI C'EST LES CENTAURES QUE VOUS CHERCHEZ, Y SONT LÀ-HAUT !

⊕ VOYEZ L'ÉPISODE PRÉCÉDENT : "LE LOUP À 2 TÊTES".

À PROPOS : ELLES POUSSENT LES PÂQUERETTES ?!

QUELLES PÂQUERETTES ??!

BEN, DANS LA TOUFFE D'HERBES QUE VOUS AVEZ LÀ SUR LA TÊTE, PARDI !...

OH ! COMME C'EST SPIRITUEL !! GNIHAHA !! HIHIH!!!!!!

C'EST COMME ÇA DEPUIS TROIS MOIS ; ILS N'ARRÊTENT PAS DE SE PAYER LA TÊTE DE MES TIFS...

JE SUIS DE TRÈS MÉCHANTE HUMEUR ! MES GENS RAILLENT SANS CESSE MA CAPILLARITÉ !...

N'Y FAITES PAS ATTENTION, COMTE ! ÇA LEUR PASSERA

BROUT BROUT BROUT

BON ! PASSONS... JE VAIS CHEZ LE BARON DE LATRUFFE !! VOUS FAITES UN BOUT DE CHEMIN AVEC MOI ?!

SEROU '88

①

QUELQUES INSTANTS PLUS TARD...

TIENS ?! MAIS C'EST THOMAS... IL DÉMÉNAGE ?!!

HOLÀ ! THOMAS ! TU NOUS QUITTES ?!

VOUS QUITTER ?!... ET POUR ALLER OÙ, MESSIRE !! VOUS ÊTES SI BON AVEC NOUS !!...

AVEC NOTRE MAISON MOBILE, NOUS PARTONS POUR UNE QUINZAINE VERS LE SUD, NOUS METTRE AU VERT !

AU VERT ?

IL L'A FAIT EXPRÈS !... JE SUIS SÛR QU'IL A DIT "VERT" POUR ME VEXER !!...

MAIS NON, VOYONS... IL PARLAIT DE LA NATURE, PAS DE VOS CHEVEUX !

JE VOUS LAISSE ICI !... JE SERAI DE RETOUR DANS TROIS JOURS, D'ICI LÀ, AMUSEZ-VOUS BIEN !!

PAUVRE COMTE, LE VERT LUI RESTE SUR L'ESTOMAC !

IL FAUT AVOUER QUE LE BLEU LUI SEYAIT MIEUX !!

VIENS ! NOUS AVONS PROMIS AUX GOSSES DU VILLAGE DE VENIR JOUER AVEC EUX...

TIENS, MAIS ?... CE SONT NOS AMIS CENTAURES... OÙ COURENT-ILS ?...

AAAH ! HEUREUSES CRÉATURES ! ÇA À QUATRE PATTES ET DE LA JEUNESSE À REVENDRE...

MAIS ?!! ATT... ATTENTION ! ARRÊTEZ !!!

LE CHEVALIER DE LA BANDE MOLLETIÈRE FUT L'UN DES ARTISAN DE LA VICTOIRE FINALE DANS L'ÉPISODE PRÉCÉDENT, "LE LOUP À 2 TÊTES"...

REGARDE, ULYSSE ! LE CHEVALIER NOUS FAIT DES SIGNES !! ON DIRAIT QU'IL VEUT NOUS DIRE QUELQUE CHOSE ?...

OUI ! IL NOUS DIT "BONJOUR"

C'EST AFFREUX !! JE NE VEUX PAS VOIR ÇA !!!

LES MALHEUREUX ?! ILS ONT DISPARU ...

AURORE !! ULYSSE !! RÉPONDEZ-MOI !!! OH ?!... LA CREVASSE SE REFERME ??

EH OUI ! LÀ-HAUT, LE SOL SE REFERME LENTEMENT SUR UN MONDE ...

... MAIS, POUR AURORE ET ULYSSE, LE TEMPS NE S'ARRÊTE PAS ICI !... APRÈS UNE CHUTE VERTIGINEUSE VERS L'INCONNU, LE VOILE SE SOULÈVE SUR UN NOUVEAU THÉÂTRE ...

AURORE !

AURORE !... OÙ ES-TU ??!

AURORE !

ARRÊTE TA COURSE, FOUGUEUX ULYSSE ! ...

ÉCOUTE, PAR MA VOIX, CE QUE LES DIEUX ONT À TE DIRE !...

MYLLEGIMA ET SYRENISE, LES SIRÈNES ?!... SAVEZ-VOUS OÙ EST AURORE ??!

3

TA DOLCE AURORE AUX BOUCLES ROSES, TANT AIMÉE DES NÔTRES, EST LÀ-HAUT SUR L'ÎLE, AU PIED DES TROIS COLONNES...

SUR L'ÎLE ?! ELLE N'A PAS DE MAL, J'ESPÈRE ?!... MAIS AU FAIT: QUE FAITES-VOUS ICI, VOUS ?!... ET OÙ SOMMES - NOUS ?!

NOUS NE POUVONS RIEN TE DIRE DE PLUS, LES DIEUX NOUS L'INTERDISENT! ...

DITES-MOI AU MOINS QUELLE EST CETTE MER... QUELLE EST CETTE ÎLE ?!

N'INSISTE PAS, ULYSSE

MA PATIENCE EST À BOUT!!... SI VOUS NE ME DITES PAS IMMÉDIATEMENT OÙ JE SUIS, JE VOUS RETIRE LES ARÊTES POUR M'EN FAIRE DES CURE - DENTS!!!... SARDINES IMBÉCILES!!!

?!

TU REGRETTERAS CES MOTS, ULYSSE LE CENTAURE !!! MES SOEURS ET MOI N'AURONS DE CESSE DE TE FAIRE RAVALER TON INSOLENCE !!!

JE ME SUIS BÊTEMENT EMPORTÉ!... BAH! SUR TERRE, ELLES NE PEUVENT RIEN CONTRE MOI!...

BIGRE, IL FAUT GRIMPER LÀ-HAUT ...

LES TROIS COLONNES... AH! J'Y ARRIVE ...

ELLE EST LÀ ...

4

6

J'Y COMPTE BIEN, SAPRISTOTLH! MÉFIEZ-VOUS DES SIRÈNES: LES CHIPIES ONT UNE DENT CONTRE TOI, ULYSSE!

BON! JE ME SAUVE, J'AI PROMIS UN SIRTAKI À JUNON, LA ROMAINE!

ALORS, TU VIENS... TU VOIS BIEN QU'IL EST PARTI!

HMM?!

TU TE RENDS COMPTE, AURORE! IL M'A CHARGÉ, MOI ULYSSE, D'UNE MISSION!... C'EST MAGNIFIQUE!!

MWOUI! JE ME RENDS COMPTE SURTOUT QU'IL NOUS A CHARGÉS D'UNE CORVÉE QU'IL AURAIT PU FAIRE LUI-MÊME!... TU T'ES FAIT AVOIR, NAÏF!!

TU N'AS RIEN COMPRIS, SOTTE! JE SUIS CERTAIN QU'IL VEUT NOUS METTRE À L'ÉPREUVE! SI NOUS RÉUSSISSONS, IL LÈVERA SÛREMENT LA PUNITION QUI NOUS FRAPPE ET IL NOUS PERMETTRA DE RENTRER EN OLYMPE!... MA TÊTE À COUPER...

ÇA! ON VERRA... EN ATTENDANT, IL FAUT TROUVER CALYPSO...

CALYPSO, N'EST-CE PAS LA NYMPHE QUI HABITE UNE GROTTE?!

SI?! POURQUOI?!!

ALORS, IL SE POURRAIT QUE NOUS SOYONS SUR SON ÎLE... REGARDE!

OUI! CE SONT BIEN LES CARYATIDES QUI ORNENT L'ENTRÉE DE SA DEMEURE...

AVEC LE TEMPS, ELLES ONT SUBI UN TASSEMENT VERS LE BAS...

À FRAPPER FORT, LA CONCIERGE EST DURE D'OREILLES.

6

8

7

MALHEUREUSEMENT, MON BEAU COMPAGNON S'ENNUYAIT ET NE RÊVAIT PLUS QUE DE RETOUR EN SA PATRIE, LÀ-BAS, EN ITHAQUE...

MAIS?! SI RIEN NE L'APPELAIT CHEZ LUI, VOUS N'AVEZ PAS ESSAYÉ DE LE RETENIR?!
...

HÉLAS! LES DIEUX EN ONT DÉCIDÉ AUTREMENT, ET C'EST LE CŒUR BRISÉ QUE J'AI DÛ LAISSER PARTIR ULYSSE VERS SA TERRE LOINTAINE...VERS SA FEMME, LA DOUCE PÉNÉLOPE...

AVEC LE BRONZE, IL COUPA AULNES, PEUPLIERS ET PINS HAUT COMME LE CIEL, SANS SÈVE ET TRÈS SECS QUI LUI SERAIENT DE LÉGERS FLOTTEURS! À L'AIDE DE CHEVILLES ET DE MOISES, IL ASSEMBLA SON RADEAU ET LE COUVRIT DE LONGUES PLANCHES! ENSUITE, IL PLANTA UN GRAND MÂT ET Y AJUSTA UNE VERGUE! LE CINQUIÈME JOUR, IL ME QUITTA APRÈS QUE JE L'EUS BAIGNÉ ET COUVERT DE VÊTEMENTS PARFUMÉS!...

POUSSÉ PAR UN VENT TIÈDE, JE LE VIS DISPARAÎTRE AU BOUT DU DOS DE LA MER, VERS LA TERRE DES PHÉACIENS! DEPUIS CET INSTANT, MON CŒUR NE CESSE DE PLEURER CET HOMME JUSTE ET ADMIRABLE PAR-DESSUS TOUS..!!

HÉLAS! DANS LA PRÉCIPITATION DU DÉPART, IL OUBLIA CECI: UN OBJET QU'IL PRIT CHEZ LES TROYENS ET QU'IL DESTINAIT À SA REINE, LA PATIENTE PÉNÉLOPE...

QU'EST-CE QUE C'EST?!
...

IL NE L'A PAS DIT?! C'EST LE PETIT PAQUET QUE ZEUS VEUT QUE VOUS LUI RAPPORTIEZ... LÀ EST LE BUT DE VOTRE MISSION!

QUOI! C'EST TOUT?!! C'EST ENFANTIN?!?
...

EH OUI! C'EST ENFANTIN! RESTEZ SUR MON ÎLE QUELQUE TEMPS, VOUS FEREZ CONNAISSANCE AVEC MES FILLES JUMELLES: ELPHE ET ONDINE QUE VOICI...

WÔW?!

QUI SONT LES JEUNES ÉTRANGERS, MÈRE ?!... ILS SONT DRÔLES...

...ET COMIQUES...

AURORE ET ULYSSE ! DES PETITS AMIS QUI SERONT VOS COMPAGNONS DE JEUX POUR QUELQUES JOURS...

C'EST VRAI QUE TU VAS RESTER POUR JOUER AVEC NOUS ?!!

EUH ?!!... OU... OUI ! B...B... BIEN S...SÛR ! C...C...C'EST D...UN RÊRE... RÉEL PLAISZZZZIIIIIR !!!

ALORS SUIS-NOUS, TIMIDE ULYSSE ! NOUS ALLONS TE FAIRE VISITER LES JARDINS... VIENS !

PAUVRES CHÉRIES ! REGARDEZ COMME ELLES SONT HEUREUSES !... JAMAIS PERSONNE N'ACCOMPAGNE LEURS JEUX SUR CETTE ÎLE...

JE VAIS FAIRE QUELQUES RACCORDS À MA CHEVELURE... NOUS EN PROFITERONS POUR FAIRE DE MÊME AVEC LES VÔTRES !

QUELQUES JOURS PLUS TARD...

FÉLIX...

REGARDEZ-MOI CE GRAND DADAIS QUI CHERCHE À ÉPATER LES FILLES... GAMIN !

ATTENTION ! QUATRE GOUTTES SEULEMENT...

TU NE T'ES PAS TROMPÉE ?!... C'EST BIEN LE PHILTRE QUE MAMAN DONNAIT AU GREC ULYSSE POUR LE RETENIR...

C'EST ELLE QUI ME L'A DONNÉ... C'EST LE PHILTRE QUI DONNE L'OUBLI...

ALLONS LUI FAIRE BOIRE CETTE COUPE, ET IL OUBLIERA LE POURQUOI DE SA PRÉSENCE ICI...

NOUS T'AVONS PRÉPARÉ UN RAFRAÎCHISSEMENT, FOUGUEUX CENTAURE ! LE JEU DOIT TE DONNER SOIF...

QU'EST-CE QUE C'EST ??

9

11

NON! NE BOIS PAS...

LA BOISSON EST DROGUÉE !!!

AURORE ?! TU ES FOLLE ?!! ...

QU'EST-CE QUI TE PREND ?! TU ES MALADE ?!... AVOUE QUE TU ES JALOUSE PARCE QUE JE JOUE AVEC D'AUTRES FILLES QUE TOI, C'EST ÇA, HEIN ?!!

NON, MONSIEUR, JE NE SUIS PAS JALOUSE !... J'AI VU CES DEUX CHIPIES VERSER UNE DROGUE DANS TA COUPE...

D'AILLEURS, ELLES N'OSERAIENT PAS ME CONTREDIRE; DEMANDE-LE-LEUR!

HÉ! ELLES ONT FILÉ CES... CES... CES...

TIENS ?! C'EST VRAI ...

AAAAH!

ELLES ONT VOULU M'ÉCRASER ?!... ULYSSE! TU M'ENTENDS ?!! ELLES...

MERDE! ON L'A RATÉ DE PEU!...

MAIS!? ULYSSE... OH ?!! SES YEUX... IL A BU LE PHILTRE ?!!...

ULYSSE, MON AMI ! RÉPONDS-MOI... RÉVEILLE-TOI, PAR ZEUS !...COMMENT TE SENS-TU ?!... TU...TU AS VU, ELLES ONT VOULU ME TUER POUR TE GARDER AUPRÈS D'ELLES ET T'EMPÊCHER DE REMPLIR TA MISSION...

MMMH...

A...AH ! C'...C'EST TOI ?!... DE...DE QUELLE MISSION PARLES-TU ?!... AH OUI ! C'EST JUSTE ; JE D...DOIS M'OCCUPER D'ELLES... OÙ SONT-ELLES...?!

JE...JE DOIS LES REJOINDRE... ELLES M'ATTENDENT...

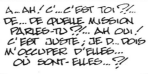

ET, LA NUIT VENUE...

C'EST ICI...

LES SOTTES, ELLES N'ONT MÊME PAS PRIS LA PEINE DE LE CACHER...

J'EN CONNAIS DEUX QUI DEMAIN, AURONT UNE SURPRISE, HIHI !

ET VOILÀ, NI VU, NI CONNU...

SALUT, FANFARON ! BIEN DORMI ?!...

J'AI TERRIBLEMENT MAL À LA TÊTE, C'EST COMME SI J'AVAIS DU PLOMB DEDANS...

TU NE SOUFFRIRAIS PAS PLUTÔT DE TROUS DE MÉMOIRE, LÂCHEUR !...

11

LÂCHEUR ?!?! QUE VEUX-TU DIRE ?!... NOUS NE NOUS SOMMES PAS QUITTÉS UN SEUL INSTANT DANS TOUS NOS JEUX ?!!!

JE SAIS, ULYSSE ! CE SONT LES DEUX PÉRONNELLES QUI ANNIHILENT TA VOLONTÉ EN TE FAISANT ABSORBER LEUR MIXTURE DE MALHEUR...

QU'EST-CE QUE TU ME CHANTES LÀ ?!?... CE...CE N'EST PAS POSSIBLE ?!?!... EXPLIQUE-MOI...

DESCENDS DE TON PERCHOIR QUE JE TE RACONTE...

𝓔T AURORE RACONTA...

CE N'EST PAS VRAI... ELLES N'ONT PAS FAIT ÇA ?!!!

COMME JE TE DIS : LA COLONNE EST TOMBÉE JUSTE À MES SABOTS...

AH ! LES PETITES VERMINES !... JE NE SAIS CE QUI ME RETIENT DE LEUR FLANQUER UNE TRIPOTÉE !!...

ΒΛΑΣΦΗΜΙΑ

RESTE BIEN TRANQUILLE... CETTE NUIT, J'AI REMPLACÉ LE PRODUIT DE L'OENOCHOÉ ⊕ PAR DE L'EAU !!... JOUONS LE JEU...

TU ES UNE PETITE FUTÉE, TOI ! TU AS RAISON ; SI ELLE NOUS FONT BOIRE LEUR SALOPERIE, NOUS FERONS SEMBLANT DE LEUR OBÉIR...

OUI ! CHHUT !... PLUS BAS, ELLES VIENNENT...

⊕ : PICHET À VIN.

NOUS REGRETTONS POUR HIER ! ON A MAL AGI...

TIENS DONC

FAISONS LA PAIX ET BUVONS À NOTRE RÉCONCILIATION ! ...

C'EST BON, MAIS IL EST COUPÉ D'EAU VOTRE NECTAR !...

LA VIGNE QUI PORTE LE VIN POUSSE PARMI LES ROSES... ET, À PROPOS D'EAU, NOUS AVONS JETÉ CELLE QUE VOUS AVIEZ MISE CETTE NUIT À LA PLACE DU PHILTRE QUI DONNE L'OUBLI, FUTÉE AURORE...

QUOI ?!? VOUS SAVIEZ ?!?

TU AS CRU NOUS AVOIR, MALHEUREUSEMENT POUR TOI, NOTRE FIDÈLE SERVANTE T'A VUE...

NON ?! ...

EH ! SI !... DANS QUELQUES INSTANTS, VOUS SEREZ TOUS LES DEUX EN NOTRE POUVOIR, ET ALORS HAHAÏIAHAAAA !!

ET ALORS, TU DISPARAÎTRAS À TOUT JAMAIS DE NOTRE VUE... TON ULYSSE SERA POUR TOUJOURS NOTRE CHIEN FIDÈLE ET TRÈS ATTACHÉ ! HÉHÉHÉÉÉ...

SERON' ⊕

12

14

13

CHIC ! LE CADEAU POUR PÉNÉLOPE... J'ALLAIS L'OUBLIER !

J'AI LE COLIS ET JE CROIS AVOIR TROUVÉ LE MOYEN DE QUITTER L'ÎLE !... SUIS-MOI...

OUI... MAÎTRE...

HÉLAS POUR EUX, LES P'TITS POISSONS ÉTAIENT TOMBÉS SUR PLUS CORIACES QU'EUX...

CHERCHE !... KSSSKSSS... CHERCHE !!!

ILS LE PAYERONT !! JE TE JURE QU'ILS LE PAYERONT !!!

ELPHIE ?!... LÀ ! VOIS-TU CE QUE JE VOIS ?!!

TU LES AS RETROUVÉS ?!

LE BATEAU DE MAMAN ?!!!

MERCI POUR LA BARQUETTE ! VOUS VOUS TROUVEREZ BIEN D'AUTRES POUPÉES, NOUS SOMMES ATTENDUS AILLEURS...

QU'ILS AILLENT AUX HYDRES ET QUE LA MER SOIT LEUR TOMBEAU !

INGRATS !

SANS ENCOMBRE ET TOUTE VOILE TENDUE, AURORE ET ULYSSE S'ÉLOIGNENT D'OGYGIE, L'ÎLE DE LA NYMPHE CALYPSO ET DE SES FILLES PERFIDES...

DÈS LE MATIN, PARUT AURORE AUX DOIGTS DE ROSE...

TU AS BIEN DORMI, ÇA VA MIEUX ?!

OUI... MAÎTRE...

14

EH BIEN, DIS DONC...!... ÇA NE S'ARRANGE PAS...?!... LE PHILTRE AGIT PLUS LONGTEMPS QUE SUR MOI...?!...

... IL FAUDRAIT QUE TU TE METTES À L'EAU... PRENDRE UN BON BAIN... IL N'Y A RIEN DE MIEUX POUR AVOIR LES IDÉES CLAI......

PLOF

PLOF...?

QU'EST-CE QUE TU FAIS ??!

JE VOULAIS DIRE DE PRENDRE UN BAIN DANS UNE BAIGNOIRE, PAS DANS LA MER...!!...

BIEN... MAÎTRE

DORÉNAVANT, JE T'INTERDIS D'OBÉIR À MES ORDRES! VU!

VU... MAÎTRE...

PAR ÉOLE? LE VENT ?!!

QUEL EST CE PRODIGE ?!... LA MER BOUGE, LE VENT SOUFFLE, MAIS MA VOILE RESTE MOLLE ?!?

OÙ... OÙ SUIS-JE ?!!?

AH! IL ME SEMBLE QUE TU AS RETROUVÉ TES SENS ?!!

OÙ SOMMES-NOUS ?!

C'EST VRAI, TU NE SAIS RIEN...!... NOUS SOMMES EN MER... NOUS VOGUONS VERS ITHAQUE, LE PAYS D'ULYSSE, LE GREC...

TOUT SERAIT PARFAIT SI CE N'EST QUE LE BATEAU RESTE ÉTRANGEMENT IMMOBILE MALGRÉ UN BON VENT...!... JE N'Y COMPRENDS RIEN...?!?

?!? J'AI AUSSI LA SENSATION D'ÊTRE OBSERVÉE...

... C'EST COMME SI...

QUELLE HORREUR?!!

C'EST MONSTRUEUX ?!?!!

KROUÏÏÏK KROUÏÏK

15

17

JE TE RETROUVE ENFIN, FILS D'HYDRE!.. TU VAS PAYER DE TA VIE LA PERTE DE MON BATEAU!..

ENCORE CELUI-LÀ ??

?!.. D'OÙ SORT LE SPARTIATE ?!!! ...

D'OÙ IL SORT... JE N'EN SAIS RIEN... MAIS JE SAIS OÙ IL VA FINIR...

... AU FOND DE L'ESTOMAC DE NOTRE DÉVOUÉ MOLOCH! ...

... ET, COMME SI ÇA NE SUFFISAIT PAS, TU AS BOULOTTÉ TOUS MES BONSHOMMES...

L'ANIMAL ?!... IL ESTROPIE MA LANGUE

TA LANGUE EST DEVENUE UNE "LANGUE MORTE"... Y'A DIXANS QUE JE TE CHERCHE... POUR TE SÉCHER LES TRIPES AU SOLEIL !... PAR ZEUS !..

C'EST TOUJOURS LA MÊME HISTOIRE: ON TEND LA LANGUE, ET ILS VOUS COUPENT LES AMYGDALES... J'AI COMPRIS: JE RETOURNE À MA THALASSA* PATRIE ...

HÉ !!! NON...

AAAAAAAH

LÂCHE! ...

SPLACH

C'EST FINI, ULYSSE !... L'HORRIBLE BÊTE EST REPARTIE À LA MER !... TU PEUX LÂCHER LE MÂT !...

LE... LE... LE MÂT ?!... QU... QUEL MÂT ??!

JE ME PRÉSENTE: BOXOFISS, DE SPARTE, ET HEUREUX D'AVOIR PU VOUS TIRER DES GRIFFES DE MOLOCH, L'IMMONDE COMPAGNON DE JEUX DES BICHES SIRÈNES ...

NOUS VOUS DEVONS UNE FIÈRE CHANDELLE !... SANS VOUS...

VOUS CONNAISSIEZ CETTE JOLIE BÉBÊTE ?!...

* THALASSA :... MER ...

17

SI JE LA CONNAIS ?!... QUELLE QUESTION !!... CETTE SALE BÊTE NOUS A ATTAQUÉS AU RETOUR DE LA GUERRE DE TROIE... APRÈS SON PASSAGE, JE ME SUIS RETROUVÉ SEUL AU MILIEU DES DÉBRIS DE MON BATEAU... SEUL !

À PROPOS DE DÉBRIS, JE ME SENS MAL !

ÇA FAIT DIX ANS QUE JE LA POURCHASSE, ET JE NE RENTRERAI DANS MA PATRIE QU'APRÈS L'AVOIR ÉLIMINÉE DE LA SURFACE DES MERS !... PAROLE !!

SI VOUS N'AVEZ PLUS BESOIN DE MOI, JE VAIS REPRENDRE MA CHASSE...

QUOI ?! DÉJÀ...

RESTEZ AVEC NOUS !... POUR ÊTRE FRANC, JE N'Y CONNAIS RIEN À LA NAVIGATION !... GUIDEZ-NOUS JUSQU'AU PAYS DU ROI ULYSSE, À ITHAQUE, ET NOUS VOUS DONNERONS NOTRE BATEAU !... ÇA VOUS VA ?!

ITHAQUE ?!... C'EST À CÔTÉ !!

LE LENDEMAIN, GUIDÉ PAR UN VRAI MARIN, LE BATEAU ARRIVE EN VUE DE LA TERRE...

TERRE !

JE VOUS L'AVAIS BIEN DIT QUE NOUS ÉTIONS TOUT PRÈS !...

JE VOUS LAISSE LE RADEAU, AU CAS OÙ PÉNÉLOPE NE SERAIT PAS CONTENTE DU CADEAU, HÉ !

QUAND VOUS VERREZ ULYSSE, REMETTEZ-LUI LE BONJOUR DE BIDOFISS, SON COPAIN DE TROIE !

ET ENCORE MERCI POUR VOTRE AIDE !...

GRÂCE À LUI, VOILÀ UNE MISSION RONDEMENT MENÉE !... ZEUS SERA CONTENT DE... ?!! PAR TOUS LES DIEUX ?!!

QUOI ?!... QU'Y A-T-IL ?!!

18

Y'A QUELQU'UN DANS MA GROTTE !?!... ÇA CRÈVE LES YEUX... QUI QUE VOUS SOYEZ, VOUS NE SORTIREZ PLUS D'ICI... VOUS AVEZ MIS LE PIED DANS VOTRE TOMBEAU...

C'EST PAS PARCE QUE LE GREC ULYSSE M'A RENDU AVEUGLE QUE JE NE VOIS PLUS CE QUE MES OREILLES ENTENDENT !...

POLYPHÈME, FILS DE POSÉIDON !... J'AI APPRIS LE MALHEUR QUI T'A FRAPPÉ PAR LA PERTE DE TON ŒIL UNIQUE !... AVOUE QUE TU NE L'AS PAS VOLÉ, CAR TU AS MANGÉ CRU SIX HOMMES DU GREC ULYSSE !... À SA PLACE, J'EN AURAI FAIT TOUT AUTANT POUR CONSERVER MA VIE !!! NOUS SOMMES LES DEUX CENTAURES QUE LES DIEUX ONT PUNIS POUR AVOIR QUITTÉ L'OLYMPE...

HÉ?... IL... IL EST FOU !!!... IL SE MONTRE !!!

TU NE MANQUES PAS DE CRAN, CENTAURE !!!... JE NE TE FAIS DONC PAS PEUR ?!... J'AI ENTENDU PARLER DE VOTRE EXIL !... ELLE, C'EST AURORE; TOI... J'AI OUBLIÉ TON NOM, MAIS TU ME PLAIS ET TU ES MON HÔTE !!!... NE CRAINS PLUS RIEN DE MOI !... AH ! SI... UNE CHOSE ENCORE...

OUF! C'ÉTAIT QUITTE OU DOUBLE...

JE TE PRÉVIENS : CRAINS MON COURROUX SI TU PRONONCES ENCORE UNE SEULE FOIS LE NOM DU GREC QUI M'A ÉBORGNÉ !... TU M'AS BIEN COMPRIS ?!...

NOUS T'AVONS COMPRIS !...

DANS CE CAS, C'EST PARFAIT !... FAITES COMME CHEZ VOUS, JE VAIS TRAIRE MES BREBIS !...

N'EST-CE PAS, AURORE, QUE NOUS NE PRONONCERONS PAS LE NOM DE CET INDIVIDU QUI A FAIT DU MAL AU MONSIEUR !... TU AS BIEN COMPRIS, AURORE ?!...

21

23

AH ! ON PEUT DIRE QU'IL NOUS A BIEN EU "LE SPARTIATE" !... IL NOUS A DÉBARQUÉS ICI POUR FILER AVEC NOTRE BATEAU !!! IL NE FAUT JAMAIS FAIRE CONFIANCE À UN GREC !...

IL NOUS RESTE LE RADEAU !... PARTONS D'ICI...

ET À TON AVIS, COMMENT COMPTES-TU T'Y PRENDRE POUR DÉPLACER LE ROCHER QUI BLOQUE LA SORTIE DE LA GROTTE ?!...

À NOUS DEUX, ON POURRAIT ESSAYER DE LE ROULER !

?

APRÈS UN REPAS FRUGAL, LE COLOSSE SE FIT RACONTER DES HISTOIRES PAR ULYSSE...

...DANS UNE ... OÙ ÉTAIENT ALIGNÉS SEPT PETITS LITS !... FATIGUÉE PAR LA LONGUE RANDONNÉE DANS LES BOIS, BLANCHE-NEIGE S'ÉTENDIT SUR LES LITS ET S'ENDORMIT ! LE SOIR VENU, LES NAINS REVINRENT DU BOULOT EN ......

HURK ! HURK !

...ET CROQUA, ELLE AUSSI, DANS LA POMME ! QUELQUES INSTANTS APRÈS, LA PAUVRE BLANCHE-NEIGE TOMBA DANS UN PROFOND COMA !... À LA DÉCOUVERTE DU CORPS INERTE DE LA JEUNE FILLE, LES SEPT NAINS SE MIRENT À PLEURER, EN PROIE À UN IMMENSE CHAGRIN !... ILS L'EXPOSÈRENT DANS UN CERCUEIL DE VERRE AU MIL....

MAIS ?!!! QU'AVEZ-VOUS ?!... VOUS PLEUREZ...?!

BEUHEU ! COMME L'EST TRISTE... QUAND JE PLEURE, JE NE VERSE PAS DE LARMES ET MON ŒIL ME FAIT TERRIBLEMENT SOUFFRIR...

VOTRE ŒIL !... LEQUEL ?!... OH ! PARDON !...

MONTEZ-MOI LÀ-HAUT ET ÉTENDEZ-VOUS !... JE VAIS JETER UN... UN COUP D'ŒIL SUR VOTRE MÉCHANT BOBO !!

DÉTENDEZ-VOUS ET ARRÊTEZ DE GIGOTER...

JE VEUX BIEN, MAIS RETIRE TON SABOT DE MA NARINE...

AÏE ! TU M'ARRACHES LES POILS DE LA BARBE...

POUR QUELQU'UN QUI EST AVEUGLE, VOUS BRAILLEZ BEAUCOUP, GRAND VEAU !...

SERON '86

22

24

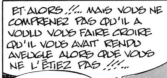

QUELQUES JOURS PLUS TARD...

NE T'ENTÊTE PAS, VOILÀ DEUX JOURS QUE TU N'AS RIEN PÊCHÉ !... VIENS MANGER, J'AI FAIT DU MOUTON !...

J'EN AI PLEIN LE DOS DU MOUTON !...

D'ACCORD ! MAIS À CE TRAIN-LÀ, TU EN AURAS PLEIN LE DOS DU POISSON AVANT DE L'AVOIR SORTI DE L'EAU ...

ÇA VA ! ÇA VA ! TU PEUX IRONISER À TA GUISE !... RIRA BIEN QUI RIRA LE DERNIER !...

EH !... ÇA Y EST, J'EN TIENS UN GROS !... PRÉPARE LA CASSEROLE, LES ÉPICES ET LE COUVERT !...

QUEL DRÔLE DE POISSON ?!... ÇA SE MANGE, ÇA ?!?

BAM

ALORS, CANASSON !... TU M'AVAIS OUBLIÉE ?!... QUE PENSES-TU DE MON POISSON GRENADE EXPLOSIF ?!... SI TU TE VOYAIS !... HAHAHAAA !...

UNE GRENADE REMPLIE DE TEINTURE ROUGE INDÉLÉBILE !... HIHIHIH !!!!!

ENCORE VOUS ?!!!

MAIS CECI N'ÉTAIT QU'UN HORS-D'ŒUVRE, JE T'AI RÉSERVÉ UNE AUTRE SURPRISE, ET ELLE EST DE TAILLE !...

POUR UNE SURPRISE, CE SERA UNE BELLE SURPRISE

CE N'EST PAS SÉRIEUX !... JE NE VAIS PAS RESTER TOUT ROUGE ??? ...

EH SI !... RIEN NE PEUT FAIRE PARTIR CETTE TEINTURE ...

.. ET DE PLUS, ELLE EST LUMINESCENTE LA NUIT !... HIHIHI !!!! MAIS REGARDE ; C'EST LA SURPRISE QUE JE T'AI PROMISE !...

25

LA PORTE DE L'OLYMPE ?!

EH OUI !/ VOICI VENU LE MOMENT DE POSER LE BALUCHON ET DE RENTRER À LA MAISON ...

"LA PORTE DE L'OLYMPE..."
LA SEULE PORTE QUI, PARMI TANT D'AUTRES, DONNE ACCÈS AU PAYS D'AURORE ET ULYSSE ...
CE PAYS DUQUEL ILS ONT ÉTÉ BANNIS MOMENTA-NÉMENT, POUR AVOIR TRANSGRESSÉ LES LOIS DE L'OLYMPE...

LA PORTE DE L'OLYMPE QUE NOUS AVONS CHERCHÉE AUX QUATRE COINS DU GLOBE ET À BIEN DES ÉPOQUES ?/...

C'EST MERVEILLEUX !/... NOUS ALLONS REVOIR NOS PARENTS ET NOS AMIS !/...

?/... POURQUOI NOUS FAIRE CE CADEAU ALORS QUE VOUS AVEZ TOUT FAIT POUR NOUS NUIRE ?/... QUE CACHE CE BRUSQUE REVIREMENT ?/... OÙ EST LE PIÈGE ?!/

TU NE DEVINES PAS, NIGAUD !/ ...

JE N'AIME PAS LES DEVINETTES !/... VOUS VOULIEZ VOUS VENGER ET VOUS NOUS OFFREZ CE QUE NOUS N'ESPÉRIONS PLUS TROUVER ...?!/ IL Y A UN PIÈGE, JE LE SENS !/...

MAIS !/ IL N'Y A PAS DE PIÈGE... TU SAIS AUSSI BIEN QUE MOI QUE LA PORTE DE L'OLYMPE T'EST TOUJOURS OUVERTE, JOUR ET NUIT !/... À PROPOS ... ZEUS NE T'A-T-IL PAS CONFIÉ UNE MISSION, ULYSSE ?!/

MILLE SERPETTES ?!/... C'EST JUSTE...NOUS AVONS UN COLIS À LIVRER À ITHAQUE, CHEZ ULYSSE ET PÉNÉLOPE !/... J'AVAIS OUBLIÉ ?!/...

IL Y A DEUX POSSIBILITÉS QUI S'OFFRENT À VOUS : OU VOUS RENTREZ EN OLYMPE, ET ZEUS SERA FURIEUX QUE VOUS AYEZ ABANDONNÉ SA MISSION ; OU VOUS CONTINUEZ LA MISSION, ET LA PORTE DISPARAÎTRA AVANT VOTRE RETOUR !/... QUOI QUE VOUS FASSIEZ, JE TIENS MA VENGEANCE !/...

HAHAHAHABLUBLUL...

P. SERON '80

TU AS REMARQUÉ LES GENS, C'EST COMME S'ILS AVAIENT TOUJOURS VU DES CENTAURES DANS LEURS RUES, !... PERSONNE NE FAIT ATTENTION À NOUS, ?!...

ET POURTANT, AVEC TOUTE LA TEINTURE ROUGE QUE TU AS SUR LE CORPS, TU NE PASSES PAS INAPERÇU, !!...

J'AI COMME L'IMPRESSION DE ME TROUVER DANS UN MONDE IRRÉEL... BIZARRE, !...

OH ?!... ?!... ULYSSE! CE TYPE, LÀ... N'EST-CE PAS...?!...

BOXOFISS ?!!... LE...LE RENÉGAT, !!

COUCOU! C'EST NOUS, !!

AURORE ET ULYSSE ?!!... LÀ ALORS! COMMENT ÊTES-VOUS ICI ?!?!...

RENÉGAT!

BON! BEN... TOUT LE MONDE PEUT SE TROMPER ET CONFONDRE UNE ÎLE AVEC UNE AUTRE, !...

SANS BLAGUE...

SI, SI! JE VOUS ASSURE!

C'EST AVANT DE NOUS DÉPOSER CHEZ LE CYCLOPE QU'IL FALLAIT NOUS ASSURER... SUR LA VIE, !!...

VOUS N'ALLEZ PAS ME FAIRE LA TÊTE POUR ÇA, QUOI, !...

29

MES PAUVRES AMIS, VOUS VOUS ÊTES FAIT AVOIR, VOUS AUSSI !... LE PAYS EST L'ÎLE DE MÉTAMORPHOSSIS... L'ÎLE CAMÉLÉON QUI S'EST CHANGÉE EN ÎLE GRECQUE POUR VOUS ACCUEILLIR !... ON SE FAIT TOUS AVOIR !...

JE NE COMPRENDS PAS ??!!!

TOUS LES MARCHANDS QUI ARRIVENT ICI, LES CALES PLEINES, S'EN RETOURNENT À VIDE, CROYANT DUR COMME BRONZE AVOIR DÉBARQUÉ LEUR MARCHANDISE À BON PORT !... TENEZ ! HIER, LA VILLE RESSEMBLAIT À UN PORT PHÉNICIENS POUR RECEVOIR DES COMMERÇANTS MYCÉNIENS QUI N'Y ONT VU QUE DU FEU ...!

PEUH ! C'EST PAS POSSIBLE, ÇA ...!!! VOUS NOUS AVEZ DÉJÀ ATTRAPÉ UNE FOIS, PAS DEUX ... VIENS, AURORE, CE TYPE M'ENNUIE...

SI VOUS AVEZ BESOIN DE MOI, VOUS ME TROUVEREZ SUR LE BATEAU, AU PORT !

MERCI ! JE CROIS QUE ÇA SUFFIRA COMME ÇA !!

ON S'EST ASSEZ VUS !

QU'EST-CE QUI LUI A PRIS DE NOUS INVENTER CETTE FABLE ?!... IL VOUDRAIT NOUS EMPÊCHER DE VOIR ULYSSE QU'IL NE S'Y PRENDRAIT PAS AUTREMENT ?!...

UNE IMPASSE ?!

?!... ON S'EST ÉGARÉS

DEMANDONS NOTRE CHEMIN, CE SERA PLUS SIMPLE...

PARDON, BRAVE HOMME !... POUVEZ-VOUS INDIQUER LE CHEMIN DU PALAIS ?!... NOUS Y SOMMES ATTENDUS !

BIEN SÛR, JEUNE HOMME ...

C'EST VRAI QUE CETTE ÎLE N'EST PAS ITHAQUE ?!

CELUI QUI VOUS A RACONTÉ ÇA EST UN SOT...

JE VAIS DU MÊME CÔTÉ, SUIVEZ-MOI ...

MWOUAIS ! CELUI QUI A DIT ÇA EST-IL SI SOT QU'ON LE CROIT ?!... À CE MOMENT PRÉCIS, UN NAVIRE MARCHAND ÉGYPTIEN ARRIVE EN VUE DE L'ÎLE...

⊙ : TERRE À L'HORIZON !
⊙ : OUF, ON VA SOUFFLER !

SERON '88.

31

33

VOUS TOURNEZ À DROITE AU BOUT DE LA RUE ET VOUS VERREZ LE PALAIS EN HAUT DE LA COLLINE !...

PTOLÉMANDE

VOUS NE POUVEZ PAS...PAS...

ARTICULEZ, MON VIEUX, ON NE VOUS COMPREND PLUS ?!?!...

⬤ : QUE DITES-VOUS, JE NE COMPRENDS PAS ?!?!

NE NOUS AFFOLONS PAS ?!!! Y'A UN TRUC ?!!!... JE TE DIS QU'IL Y A UN TRUC ?!?!!!

BOXOFISS AVAIT DIT VRAI, LA VILLE A CHANGÉ DE VISAGE ?!? NOUS SOMMES MAINTENANT EN **ÉGYPTE** ?!...

...C'EST UNE SOUPE CETTE ÎLE !!!...

Y'A PLUS D'PÉNÉLOPE, Y'A PLUS D'ULYSSE, Y'A PLUS D'ITHAQUE ET Y'AURA PLUS D'NOUS NON PLUS !... DISPARAISSONS...!

C'EST UNE SAGE PRÉCAUTION !... REJOIGNONS BOXOFISS AU PORT...

PAR ZEUS ! JE VOUS CHERCHE PARTOUT !... DÉPÊCHEZ-VOUS; ON LÈVE L'ANCRE !!...

32

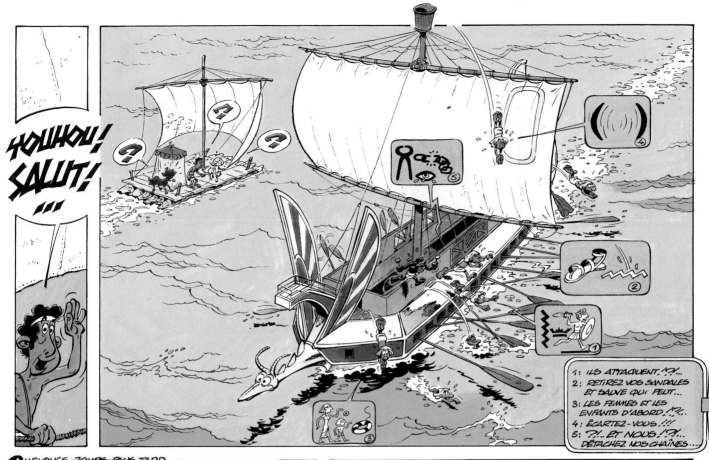

TU NE TROUVES PAS QU'IL FAIT FORT CHAUD CETTE NUIT ?!

BON SANG, C'EST VRAI... D'HABITUDE, LES NUITS SONT FRAÎCHES !!!?

?!... VOILÀ PLUS DE DIX ANS QUE JE BOURLINGUE SUR CETTE MER, JAMAIS ENCORE JE N'AI CONNU UNE TEMPÉRATURE AUSSI ÉLEVÉE LA NUIT ?!!?...

IL FAIT MÊME DE PLUS EN PLUS CHAUD ?!

DIX MINUTES PLUS TARD...

L'AIR DEVIENT IRRESPIRABLE ; IL FAIT AUSSI CHAUD QUE DANS L'INCENDIE DE TROIE LORS DE LA MISE À SAC !...

ENCORE QUELQUES INSTANTS ET QUELQUES DEGRÉS, ET NOUS RESSEMBLERONS À DU MOUTON BOUILLI À L'ANGLO-SAXONNE !...

TU AS UN REPROCHE À FORMULER CONTRE LEUR CUISINE ?!...

PFFF ! 'FAIT TROP CHAUD POUR SOURIRE

TRENTE DEGRÉS PLUS CHAUD...

J'AVAIS RÊVÉ D'UNE MORT GLORIEUSE, MAIS POUR UN GREC, MOURIR DANS LA FRITURE... RHÂÂÂÂH !

SAUTONS À L'EAU, C'EST ENCORE LE SEUL ENDROIT FRAIS !...

PAR HÉPHAISTOS, ✱ C'EST L'ENFER ICI...

LES SIRÈNES ?!!

HÉ ?!... QUE FAITES-VOUS DANS MON BAIN ?!!!

JUSTEMENT, JE VIENS VOUS DEMANDER S'IL EST ASSEZ CHAUD !... HIHIHI!!!...

✱ : DIEU DU FEU ET DES ARTISANS, IL FUT CHASSÉ DE L'OLYMPE PAR SA PROPRE MÈRE, HÉRA.

PARCE QUE C'EST À VOUS QUE NOUS DEVONS CETTE CANICULE NOCTURNE ?!!... J'AURAIS DÛ M'EN DOUTER !... JE VOUS ORDONNE DE BAISSER CETTE TEMPÉRATURE... SINON !...

SINON, QUOI ?!... HAHAHAHAAA !!!... IL FERA SI CHAUD DANS QUELQUES INSTANTS QUE VOUS FONDREZ COMME NEIGE AU SOLEIL !!!... VOUS ÊTES CUITS !!!... HIHIHI!!!...

OUAIS ! ÇA RESTE À PROUVER...

36

38

AU MILIEU DE LA FOURNAISE, A. U. ET B. ATTENDENT, RÉSIGNÉS, QUE LA VENGEANCE DES SIRÈNES S'ACCOMPLISSE...

ULYSSE! JE N'EN PUIS PLUS!... JE NE PEUX PLUS RESPIRER, MES POUMONS VONT ÉCLATER...

COURAGE AURORE!... LES DIEUX NE PEUVENT PAS NOUS LÂCHER COMME ÇA!... ILS VONT NOUS SECOURIR

TIENS BON, PETITE FILLE!... TU VERRAS, ON S'EN SORTIRA...

MMMH! OUI... BIEN SÛR...

TU NE ME CROIS PAS?!... DEMANDE À BOXOFISS, IL TE DIRA LUI-MÊME QU'IL NE FAUT JAMAIS DÉSESPÉ...?!? BOXOFISS???! NON!!!

OH!...OO CE N'EST PAS VRAI?!... TU N'AVAIS PAS L'INTENTION DE NOUS...?!!

QUE VAS-TU IMAGINER LÀ!!...

JE VOULAIS SIMPLEMENT ME TAILLER UNE NOUVELLE JAVELINE AVEC LE MÂT DU RADEAU... PAROLE!

TAP TAP TAP!

MWOUAIS! PAROLE DE GREC...

BAH! À QUOI BON MENTIR: OUI! J'AI VOULU VOUS ÉVITER DES SOUFFRANCES INUTILES!... MIEUX VAUT PÉRIR VITE PAR L'ÉPÉE QUE LENTEMENT DANS LE JUS...

MILLÉSIMA!...

C'EST TOI QUI AS DONNÉ L'ORDRE À MES VOLCANS DE CHAUFFER LA MER SANS M'EN AVERTIR?!!!...

38

40

AU S'COURS

AU COURS DE L'APRÈS-MIDI, LE RADEAU ARRIVE EN VUE D'UNE ÎLE... AU GRAND ÉTONNEMENT DE BOXOFISS...

ITHAQUE ?!?

NON ! C'EST TROP TÔT...

J'AI PARCOURU CETTE MER DANS TOUS LES SENS PENDANT DIX ANS ?!... JE CONNAIS TOUTES LES TERRES; LA FORME DE TOUTES LES ÎLES ET ÎLOTS; LE PLUS PETIT ROCHER QUI ÉMERGE N'A PLUS DE SECRET POUR MOI... MAIS CETTE ÎLE ?!... JE NE L'AVAIS JAMAIS VUE AUPARAVANT ?!?

REGARDEZ ?!...
IL Y A DU MONDE SUR LA PLAGE ?!... DES GOSSES ?!... CE SONT DES GOSSES !!! ILS NOUS FONT DES SIGNES AMICAUX ...

LES DIEUX NOUS ENVOIENT DE LA NOURRITURE !

C'EST LE RAVITAILLEMENT !!!

COMBIEN SONT-ILS ?!

ON S'ARRÊTE ICI !... LAISSE COULER L'ANCRE, ULYSSE...

VENEZ VITE !... ON A FAIM ...

CHOUETTE ! Y A MÊME DES CENTAURES ...

UN MOMENT, MON GAMIN !... JE VAIS D'ABORD BAISSER LA TOILE ! ...

HÉ ! VOUS AVEZ VU LE MIEN; J'AI UN SPARTIATE MMMH !!!

OH ?!?!

NON !... ATTENTION !!!... LES GOSSES SONT DES MONSTRES ANTHROPOPHAGES QUI DÉVORENT LES VOYAGEURS ÉGARÉS...

WAAHAHAÏÏÏK !!!

RHÂGN !

SERON 80

42

44

PAR ARÈS ?!... EN VOILÀ DES FAMILIARITÉS !!!

LA VERMINE !... IL A RÉELLEMENT VOULU ME BOULOTTER CE PETIT ENRAGÉ...

VA AIDER ULYSSE À FAIRE DEMI-TOUR PENDANT QUE JE LES EMPÊCHE DE MONTER À BORD !... VITE !!!

CE... CE N'EST PAS POSSIBLE ?!...

SUS AU GREC, C'EST LE PLUS DANGEREUX DE TOUS! ON S'OCCUPERA DES TROIS AUTRES APRÈS...

DÉPÊCHE-TOI, ULYSSE!

ON LE TIENT!

HÂRGN

OW!

JE VAIS VOUS DÉBARRASSER DE CEUX-CI !... NE M'ATTENDEZ PAS !... ...FUYEZ!

PUISQUE VOUS VOULEZ MANGER, PERMETTEZ QUE JE DRESSE LA TABLE LÀ OÙ ME SEMBLE... AU FOND DE L'EAU !!

BOXOFISS ?! NON !!!

LES IMBÉCILES !... ILS LES ONT LAISSÉS FILER...

Y'A L'AUTRE QUI SE CARAPATE !...

ILS ONT COULÉ À PIC...

BOXOFISS !... IL S'EST SACRIFIÉ POUR NOUS

SERON. 80.81.

43

AFFREUX !!... MAIS D'OÙ PROVIENNENT TOUS CES GOSSES ?!!

DE L'OLYMPE !!... C'EST SUR CETTE ÎLE QUE LES DIEUX "ENTREPOSENT" LEURS ENFANTS ILLÉGITIMES ! AVEC LE TEMPS, LES PAUVRES GOSSES SONT DEVENUS ANTHROPOPHAGES ! ILS DÉVORENT LES VOYAGEURS IMPRUDENTS QUI VEULENT LEUR VENIR EN AIDE...

TRÈS ÉMOUVANTE TON HISTOIRE, MYLLÉSIMA !!... ON SE CROIRAIT...

VOUS ?!!!...

CO... COMMENT AS-TU FAIT POUR LEUR ÉCHAPPER ?!?!

ILS M'ONT LÂCHÉ LES UNS APRÈS LES AUTRES QUAND LEURS PETITS POUMONS ONT COMMENCÉ À MANQUER D'AIR... IL NE ME RESTAIT PLUS QU'À VOUS RATTRAPER...

J'AI EU SI PEUR !... JE SUIS HEUREUSE DE TE REVOIR VIVANT !

QUELQUE TEMPS PLUS TARD, LES QUATRE COMPAGNONS ARRIVENT ENFIN AU TERME DU VOYAGE. À L'HORIZON, UNE LIGNE SOMBRE SE PROFILE LENTEMENT... LA TERRE...

VENEZ VOIR !... VOILÀ ITHAQUE !!

L'APRÈS-MIDI, LE RADEAU EST AMARRÉ DANS LE PORT...

DITES ! VOUS N'OUBLIEZ RIEN ?!...

"!" PAR ZEUS, LE CADEAU D'ULYSSE...

ET LE LENDEMAIN, C'EST LA RENCONTRE AVEC LE GRAND ULYSSE...

FANTASTIQUE ! AINSI DONC, VOUS AVEZ FAIT LE LONG VOYAGE CHARGÉ D'EMBÛCHES POUR ME RAPPORTER LE CADEAU QUE JE DESTINAIS À MON ÉPOUSE PÉNÉLOPE...

OUI ! GRAND ULYSSE... VOUS L'AVIEZ OUBLIÉ CHEZ LA NYMPHE CALYPSO !

NON ! NE PRONONCEZ PAS LE NOM ICI ! J'AI FAIT CROIRE À PÉNÉLOPE QUE LA GUERRE DE TROIE AVAIT DURÉ DIX ANS DE PLUS QUE PRÉVU...

ET SON CADEAU, LUI AVEZ-VOUS REMIS ?!... A-T-ELLE ÉTÉ CONTENTE ?...

JE VIENS DE LUI FAIRE PORTER PAR UN DE MES DOMESTIQUES... J'IMAGINE SA JOIE QUAND ELLE VERRA "LES OBJETS"!...

SoEN '84

44

46

UNE PAIRE D'OBJETS MAGNIFIQUES ARRACHÉS AU PILLAGE DE TROIE, TOUT EN OR ET REHAUSSÉS DE PIERRES PRÉCIEUSES... J'ENTENDS D'ICI LA JOIE DE MA DOUCE COMPAGNE...

WI ZESSE TI ! ULYSSE !

ÉCOUTE, MON BONHOMME ! DU CROCHET, J'EN AI FAIT VINGT ANS EN T'ATTENDANT... ET TU NE TROUVES RIEN DE MIEUX À M'OFFRIR QU'UNE PAIRE DE CROCHETS !!... TU ME PRENDS POUR UN VIEUX TAPIS, MINUS HABENS !!!

MAIS, PÉNÉ CHÉRIE !?!... MA BICHE... J'AI CRU QUE...

PRENONS UN PEU DE CHAMP !... ON POURRAIT NOUS REPROCHER D'AVOIR FAIT TOUT CE VOYAGE POUR APPORTER LE "CADEAU"...

TIENS ! TU AS VU... MYLLÉSIMA ET BOKOFISS NE SE SONT PAS QUITTÉS DEPUIS HIER !...

REJOIGNONS-LES !

OH ?! MAIS/MAIS/MAIS! ??

AH ! C'EST VOUS ?!... VOUS AVEZ VU LE LAC ET LE PALAIS QUE LE BON ROI ULYSSE CÈDE À NOTRE AMIE LA SIRÈNE !... QUANT À MOI, JE NE RENTRE PLUS À SPARTE....... MYLLÉSIMA ET MOI AVONS L'INTENTION DE NOUS MARIER !... VOULEZ-VOUS ÊTRE NOS TÉMOINS ?!...

??
??

DANS LE FOND, POURQUOI PAS !!... PAR ZEUS !

PARDI !

ILS SE MARIÈRENT ET FURENT HEUREUX. ILS EURENT BEAUCOUP D'ENFANTS ... DE POISSONS... DE PETITS, QUOI !

par SÉRON et HOMÈRE + LÉONARDO et A. SÉRON '81

STOP! 45

47